green kids club
Club de Niños Verde

In the Andes Mountains of Chile
En las montañas de los Andes de Chile

minas chilenas

Escrito por Saige J. Ballock-Dixon y Sylvia M. Medina
Traducido por Carol Castro, Ilustraciones por Joy Eagle

chilean mines

Written by Saige J. Ballock-Dixon and Sylvia M. Medina
Translated by Carol Castro, Illustrations by Joy Eagle

Special thanks to / Agradecimiento especial a Jim Sanderson

Green Kids Club Adventures	**Aventuras del Club de Niños Verde**
(Also available in Junior-First Reader Editions)	El Manantial Verde (Primera Historia)
The Green Spring (First Story)	Barreras de Hielo
Ice Jams	Arrecifes de Coral
Coral Reef	Elefante de Jade
Jade Elephant	Rugido del Gorila
Gorilla's Roar	Espejismo del Desierto
Desert Mirage	Minas Chilenas
Chilean Mines	Aullido del Lobo
Wolf Howls	

Ballock-Dixon, Saige J. / Medina, Sylvia M.
chilean mines / by Saige J. Ballock-Dixon & Sylvia M. Medina; Illustrated by Joy Eagle.; first edition
ISBN: 978-1-939871-18-3
Audience: Ages 5-9
Summary: The Green Kids travel to Chile, South America to visit their friend Natalia. The kids are feeling lucky as they go to see the local mines, but an earthquake and endangered Andean Cat make it more of an adventure.
1. Endangered Species. 2. Wildlife Rescue.
3. Wildlife Reintroduction. 4.Nature Conservation.
591.68 - Rare & Endangered Species   2014936911

Ballock-Dixon, Saige J. / Medina, Sylvia M.
minas chilenas en español / Escrito por Saige J. Ballock-Dixon y Sylvia M. Medina; ilustraciónes por Joy Eagle; primero edición
ISBN: 978-1-939871-18-3
Audience: Ages 5-9
Resumen: Los Verdes niños viajan a Chile, América del Sur para visitar a su amiga Natalia. Los niños se sienten afortunados, ya que ir a ver las minas locales, pero un terremoto y el gato andino en peligro de extinción hacen que sea más de una aventura.
1. Especies Amenazadas. 2. Rescate de Vida Silvestre.
3. Vida Silvestre de reintroducción. 4. Conservación de la Naturaleza.
591.68 - Las especies raras y en peligro de extinción   2014936911

Published by Green Kids Club, Inc., P.O. Box 50030, Idaho Falls,ID 83405
Copyright ©First Edition - 2013, Second Edition - 2014, by Green Kids Club, Inc.
ALL RIGHTS RESERVED

For the little animals.
Each animal, big or small,
has an important role in the world.

Por los animales pequeños.
Cada animal, grande o pequeño,
tiene un rol importante en el mundo.

Victor and Maya Green had traveled to Chile to visit their pen pal, Natalia. They wanted to go hike and explore the mountains of Chile. Natalia had told them all about the wonders of her country - the beautiful forests and jungles, mighty rivers and amazing animals.

Víctor y Maya Green habían viajado a Chile a visitar a su amiga por correspondencia, Natalia. Ellos querían ir a escalar y explorar las montañas de chile. Natalia les había dicho todo acerca de las maravillas de su país los hermosos bosques y junglas, poderosos ríos y sorprendentes animales.

Natalia greeted Victor and Maya with a big hug. She had spent the entire day planning their hiking trip in the mountains and was eager to take the Green Kids exploring.

Natalia saludó a Víctor y Maya con un gran abrazo. Ella había pasado el día entero planeando su viaje para escalar las montañas y estaba ansiosa de llevar a los Niños Verdes a explorar.

After they finished unpacking they headed into the mountains. As the kids started hiking they noticed that some of the rocks sparkled in the sunlight. Victor and Maya asked Natalia, "What are all those beautiful sparkles in the rocks?"

Después que terminaron de desempacar se dirigieron a las montañas. A la vez que los niños empezaron a escalar se dieron cuenta de que algunas de las rocas brillaban con la luz del sol. Víctor y Maya le preguntaron a Natalia "Que son esos hermosos destellos en las rocas?"

Natalia replied, "My country is beautiful inside and out! Inside the beautiful rocks are gold, copper, and jewels. This is what makes our mountains shine!" As Natalia said this, she reached up and touched a special pair of gold earrings her grandmother had given her.

Natalia contestó, "Mi país es hermoso por dentro y por fuera! Dentro de las hermosas rocas hay oro, cobre y piedras preciosas. Eso es lo que hace a nuestras montañas brillar!" A la vez que Natalia decía esto, ella se estiró y tocó un par de aretes especiales que su abuelita le había dado.

As they hiked along Natalia told them that they would not only be seeing an old Chilean mine, but they may also be able to see the elusive Andean Cat.

Maya said, "Tell us more about this cat."

A la vez que escalaban Natalia les dijo que ellos no solo estarían viendo una vieja mina Chilena pero quizás también podrían ver al escurridizo Gato Andino.

Maya dijo, "Dinos mas sobre ese gato."

"Well Maya," said Natalia, "there are very few of these cats left in this country. They are endangered and have a hard time finding each other in the wild. There is a legend about one of these cats living in this part of the jungle, and she is supposed to be BIG. We call her "Gato de la Suerte"- lucky cat. There are very few Andean Cats left and she is the biggest cat in our mountains. Legend says that just seeing her will give you fortune and good luck."

Endangered - Something that is close to becoming extinct, or no longer exists.
En peligro de extinción - Algo que esta cercas de ser extinguido, o que ya no existe.

"Bien Maya," dijo Natalia, "quedan muy pocos de esos gatos en este país. Ellos están en peligro de extinción y tienen mucha dificultad para encontrarse uno a otro en el bosque. Hay una leyenda acerca de uno de esos gatos viviendo en esta parte de la jungla, porque se supone que es GRANDE. Nosotros le llamamos "Gato de la Suerte". Hay muy pocos gatos andinos y es el gato más grande en nuestras montañas. La leyenda dice que con solo verlo recibirás fortuna y buena suerte."

The Green Kids hiked deeper into the mountains and came to a clearing that had mines in the mountain side.

Maya peered into the mine shaft, "Where does this lead to?"

Los Niños Verdes escalaron más profundamente en las montañas y llegaron a un claro que tenía minas en el lado de la montaña.

Maya se asomó dentro del túnel de la mina, "A donde lleva esto?"

Natalia said, "That mine goes into the center of the mountain where we can search for copper, gold, and jewels."

Victor asked, "Why are there so many mines? Can we go into one?"

Natalia dijo, "Esa mina llega hasta el medio de la montaña en búsqueda de cobre, oro y piedras preciosas."

Víctor preguntó, "Porque hay tantas minas? Podemos entrar en una?"

Natalia answered, "There are many mines because everyone wants the beautiful minerals found in them. My Mom and Dad do not want me to go into the mines, because they say they are dangerous. But I guess we could, just this once."

Natalia contestó, "Hay muchas minas porque todos quieren los hermosos minerales que encuentran en ellas. Mi Mamá y mi Papá no quieren que yo valla dentro de las minas, porque ellos dicen que hay peligros. Pero me imagino que podríamos hacerlo, solamente por esta vez."

The kids grabbed the head lamps that were sitting at the entrance of the tunnel and started into the mine shaft. The kids were happy to have lights on their hats because the mine was very scary and dark! But, they were all determined to find some treasure in the mine.

Los niños agarraron las lámparas que estaban en la entrada del túnel y entraron en la mina. Los niños estaban felices de tener lámparas en sus cascos por que la mina estaba muy tenebrosa y obscura! Pero, ellos estaban determinados a encontrar algún tesoro en la mina.

As they crawled through the narrowing shaft they heard a rustle out in front of them. They looked towards the noise and caught a glimpse of two eyes peering at them. Could it be Gato de la Suerte?

As they started to climb over the rocks towards the eyes, they felt the earth begin to shake. It felt like an earthquake. "Run!" shouted Natalia.

A la vez que ellos se arrastraron por el angosto túnel ellos escucharon un susurro enfrente de ellos. Ellos miraron a donde se oía el ruido y vislumbraron un par de ojos mirándolos. Podría ser Gato de la Suerte?

A la vez que ellos empezaron a subir encima de las rocas en dirección de los ojos, ellos sintieron que la tierra empezó a temblar. Se sintió como un terremoto. "Corran!" gritó Natalia.

The kids started running towards the entrance of the cave when suddenly, Natalia fell through a crack in the floor board and into a pool of water below.

Los niños empezaron a correr en dirección de la entrada de la cueva cuando de repente, Natalia cayó en una hendidura que había en el suelo resbalando dentro de un charco de agua.

Maya and Victor peered down through the boards and saw Natalia sitting in the middle of a beautiful blue green spring. She was wet from head to toe and had accidently swallowed a mouth full of water when she fell in. Maya and Victor realized that this was the same spring that gave children the power to talk with animals!

Maya y Víctor se asomaron entre las tablas y vieron a Natalia sentada en medio de un hermoso manantial azul verde. Ella estaba mojada de los pies a la cabeza y accidentalmente había tomado un gran trago de agua cuando ella calló. Maya y Víctor se dieron cuenta que esta era el mismo tipo de manantial que daba poderes a los niños para hablar con los animales!

"Please help me," cried a little voice. Natalia turned to see who was talking. It was an Andean Cat, and he was stuck under some old boards.

Natalia could understand the cat. She looked up at Victor and Maya in amazement. "Wow, that is the Andean Cat that I was telling you about. I just heard the cat talking, did you hear him?"

"You have gained the power of the Green Kids," Maya said to Natalia.

"Por favor ayúdenme," gritó una pequeña voz. Natalia volteó a ver quien estaba hablando. Era un Gato Andino, y estaba atrapado bajo unas tablas viejas.

Natalia podía entender al gato. Ella miró a Víctor y Maya asombrada. "Caray, ese es el Gato Andino de quien les estaba hablando. Acabo de escucharlo hablar, lo escucharon ustedes?"

"Acabas de obtener el poder de los Niños Verdes," le dijo Maya a Natalia.

Natalia looked toward the cat, "Are you Gato de la Suerte?"
The cat replied, "People call me that, but my name is Camilo. I have been looking for other cats like me. All of a sudden, Camilo started crying, "I am so lonely!" He yowled. "I can't find anyone else like me anywhere. I am starting to think there are no more of my kind left."

Natalia miró al gato, "Eres tú el Gato de la Suerte?"
El gato contestó, "La gente me llama así, pero mi nombre es Camilo. He estado buscando a otros gatos como yo. De repente, Camilo empezó a llorar, "Estoy tan solo!" El maulló. "No puedo encontrar a nadie más como yo en ningún lado. Estoy empezando a creer que no queda nadie más de mi tipo."

Maya reached over and softly touched him. Camilo looked up, his eyes brimming with tears. He said, "I thought I saw a girl cat come into this shaft so I tried to follow her in here, but my paw got caught and I have been stuck in here for days. Can you help me?"

The Green Kids began clearing the boards away from Camilo. They freed his paw and then they began heading towards the entrance of the shaft.

Maya se estiró y suavemente lo tocó. Camilo volteó a verla, con sus ojos rebosantes de lágrimas. El dijo, "Yo creí ver a una gata venir hasta este túnel así que traté de seguirla hasta aquí, pero mi pata se atoró y he estado atrapado aquí por días. Pueden ayudarme?"

Los Niños Verdes empezaron a quitar las tablas alrededor de Camilo. Ellos liberaron su pata y después empezaron a caminar en dirección de la entrada al túnel.

All of a sudden the earth started shaking again. The kids realized that they were in an earthquake and started running out. Rocks started falling from above.

De repente la tierra empezó a temblar otra vez. Los niños se dieron cuenta que estaban en un terremoto y empezaron a correr para fuera. Las rocas empezaron a caer desde arriba.

Victor and Natalia made it out of the mine shaft just in the nick of time. They turned to look for their friends, but they could not see them. Maya and Camilo had been trapped inside.

Víctor y Natalia pudieron salir del túnel justo a tiempo. Ellos voltearon a ver a sus amigos, pero no pudieron verlos. Maya y Camilo se quedaron encerrados adentro.

Victor heard shouting from inside the cave, "Camilo and I are okay, but you must find help, or we may never get out of here," yelled Maya.

Victor said, "We will go get help. Hang on!" Victor and Natalia started running up the trail as fast as they could.

Víctor escuchó gritos desde adentro de la cueva, "Camilo y yo estamos bien, pero ustedes necesitan buscar ayuda, o quizás nunca salgamos de aquí," gritó Maya.

Víctor dijo "Iremos por ayuda. Esperen!" Víctor y Natalia empezaron a correr hasta la vereda tan rápido como pudieron.

Suddenly an Andean Cat jumped down from the rocks in front of them.

"Camilo?" Victor questioned.

The cat replied, "No, my name is Sofia, I thought I saw another Andean Cat in this area and I have been searching for him."

De repente un Gato Andino brincó de las rocas enfrente de ellos.

"Camilo?" preguntó Víctor.

El gato contestó, "No, mi nombre es Sofía, Yo creí haber visto otro Gato Andino en esta área y lo he estado buscando."

Natalia gasped, "We know where he is, but he is trapped with our friend. We are going to find help."

"I can help!" shouted Sofia as she ran back to the blocked mine shaft with Victor and Natalia following behind.

Natalia respiró con dificultad, "Nosotros sabemos donde está, pero está atrapado con nuestra amiga. Vamos en búsqueda de ayuda."

"Yo puedo ayudar!" gritó Sofía a la vez que corrió al túnel de la mina bloqueada con Víctor y Natalia siguiéndole atrás.

As they reached the blocked mine shaft, Sofia called out, "Stand back," and she pushed the rocks with all her might. Magically, the rocks began to move. Victor and Natalia joined in to help too. They pushed together until a small opening cleared that Maya and Camilo could fit through.

A la vez que ellos llegaron a la entrada del túnel de la mina bloqueada, Sofía grito, "Háganse a un lado," y ella empujó las rocas con todas sus fuerzas. Mágicamente, las rocas empezaron a moverse. Víctor y Natalia se unieron para ayudar también. Ellos empezaron a empujar hasta que hicieron un pequeño orificio para que Maya y Camilo pudieran pasar.

Maya crawled through the opening with Camilo behind. They were covered in dust.
Camilo looked up and saw Sofia. He couldn't believe his luck - another Andean Cat and she was so beautiful, he couldn't help staring at her. He had been searching for so long.

Maya se arrastró por el orificio con Camilo detrás. Ellos estaban cubiertos en polvo.
Camilo volteo y vio a Sofía.   El no podía creer su suerte – otro Gato Andino y ella estaba tan hermosa, el no podía dejar de mirarla. El había estado buscándola por tanto tiempo.

Natalia was in shock at the sight of the two Andean Cats, "I can't believe my eyes, two Lucky Cats!"

"We are very lucky. Thank you, Sofia. Without your help, Camilo and I would be trapped in that mine shaft," said Maya.

Natalia estaba sorprendida al ver a los dos Gatos Andinos, "Yo no puedo creerle a mis ojos, dos Gatos de la Suerte!"

"Tenemos mucha suerte. Gracias Sofía. Sin tu ayuda Camilo y yo estuviéramos atrapados en el túnel de esa mina," dijo Maya.

"What can we do to repay you?" Natalia asked.

"Teach others about Andean Cats and not to continue taking us, otherwise there will not be any of us left in this world. Also, help to protect our land, we need healthy mountain habitat so we can survive," answered Camilo.

Habitat - the area in which an animal or plant normally lives or grows.

Hábitat - el área en la cual un animal o planta vive o crece normalmente.

"Que podemos hacer para pagarte?" preguntó Natalia.

"Enséñale a otros sobre los Gatos Andinos y diles que no continúen llevándonos, de otra manera no quedará ninguno de nosotros en el mundo. También, ayuda a proteger nuestra tierra, nosotros necesitamos hábitat saludable en las montañas para poder sobrevivir," contestó Camilo.

"Of course," replied Natalia, "we will teach others around the world about protecting our lands and maybe one day Andean Cats will no longer be endangered."

The Green Kids turned to head back to Natalia's home while the Andean Cats bounded away into the mountains of Chile.

"Por supuesto," contestó Natalia, "nosotros enseñaremos a otros alrededor del mundo a proteger nuestras tierras y quizás un día los Gatos Andinos no estarán más en peligro de extinción."

Los Niños Verdes voltearon para regresar a casa de Natalia mientras los Gatos Andinos se fueron juntos a las montañas de Chile.

Maya, Victor, and Natalia knew the legend of Gato de la Suerte was true, he had brought the children good luck.

Maya, Víctor, y Natalia sabían que la leyenda del Gato de la Suerte era verdad, el les había traído a los niños buena suerte.

A New Family!
Una Nueva Familia!

andean cat facts · datos de los gatos andinos

The Andean Mountain Cat is about the size of a housecat, but looks bigger due to its thick fur and fuzzy tail.

Los gatos andinos de la montaña son del tamaño de un gato casero, pero se miran más grandes debido a su espeso pelaje y esponjada cola.

They live and are protected in the high Andean mountains of South America in four countries - Bolivia, Argentina, Peru and Chile.

Ellos viven y son protegidos en las altas montañas de los Andes de Sur América en cuatro países – Bolivia, Argentina, Perú y Chile.

© Jim Sanderson

Very little is known about the Andean Cat - it is thought to be one of the rarest of felines.

Muy poco se sabe sobre el Gato Andino - es uno de los felinos más raros.

Many people who live around the Andean Cat think the cat has special powers and brings good luck. Local people have been known to catch them and use their coats to bless their crops and livestock.

Muchas personas quienes viven cerca de los gatos andinos piensan que los gatos tienen poderes especiales y traen buena suerte. Las personas locales han sido conocidas por agarrarlos y luego usan sus pieles para bendecir sus cultivos y ganados.

There are less than 2000 cats in the wild.
The main issues that the Andean Cat faces are thought to be habitat disturbance, hunting,
reduction of prey, and small population size.

Existen menos de 2000 gatos silvestres.
Los temas principales que enfrentan los Gatos de los Andes son perturbar su hábitat, la cacería,
reducción de sus presas y una población muy pequeña.

Vicuña is a relative of the Llama and Alpaca. They live in the Andes Mountains at very high altitudes. It has extremely fine wool. Vicuña are protected by law, but were once endangered.

La vicuña es un pariente de la llama y la alpaca. Viven en lasmontañas de los Andes en las grandes alturas. Tienen una lana muy fina. Las vicuñas están protegidas por la ley, pero alguna vezestuvieron en peligro de extinción.

Guanaco is also a relative of the Llama and Alpaca. They are an Andes Mountains native and are wild. The Guanaco uses it's excellent running ability to avoid pumas.
Guanaco are protected by law.

El guanaco es también pariente de las llamas y las alpacas. Ellos son nativos de las montañas de los Andes y son silvestres. El guanaco usa sus excelentes habilidades para correr y evitar a los pumas. Los guanacos están protegidos por la ley.

Viscacha live in rocky regions. Viscacha eat Yareta and other lichens. They are hunted for both meat and fur. The Viscacha population is declining.

La vizcacha vive en las regiones rocosas. La vizcacha come Yareta y otros musgos. Ellas son cazadas por su piel y por su carne. La población de vizcachas se está reduciendo.

science section · sección de ciencia

The best methods for protecting the Andean Cat are to learn more about the cat and teach local communities about the it. Protecting vital habitat and food sources will also help the Andean Cat.

Los mejores métodos para proteger a los Gatos Andinos son aprender más sobre los gatos y enseñar a las comunidades locales sobre eso. Es vital proteger el hábitat y recursos alimenticios esto también ayudará al Gato Andino.

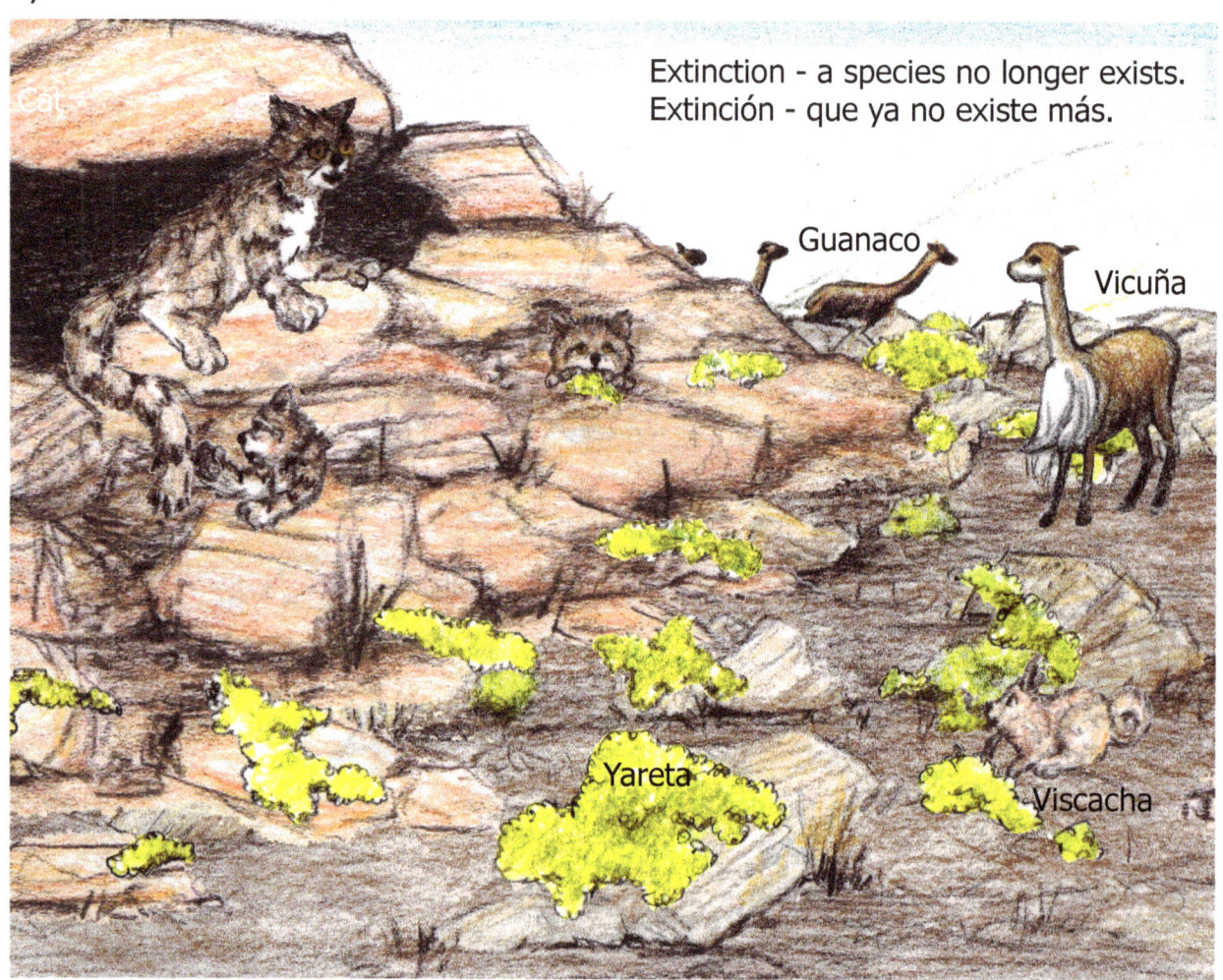

Extinction - a species no longer exists.
Extinción - que ya no existe más.

The Andean Cat is nearing extinction. Once an animal becomes extinct it is gone forever.

Los gatos andinos están muy cerca de la extinción.
Una vez que un animal se extingue desaparece para siempre.

Each animal plays an important role in its ecosystem. An ecosystem is the living and non-living things that work together to make a balanced unit.
The extinction of an animal greatly impacts the balance of life. For example:
Cada animal juega un rol muy importante en el ecosistema. Un ecosistema está formado por todas las cosas vivas y sin vida que trabajan juntas para formar una unidad balanceada.
La extinción de un animal impacta grandemente el balance de la vida. Por ejemplo:

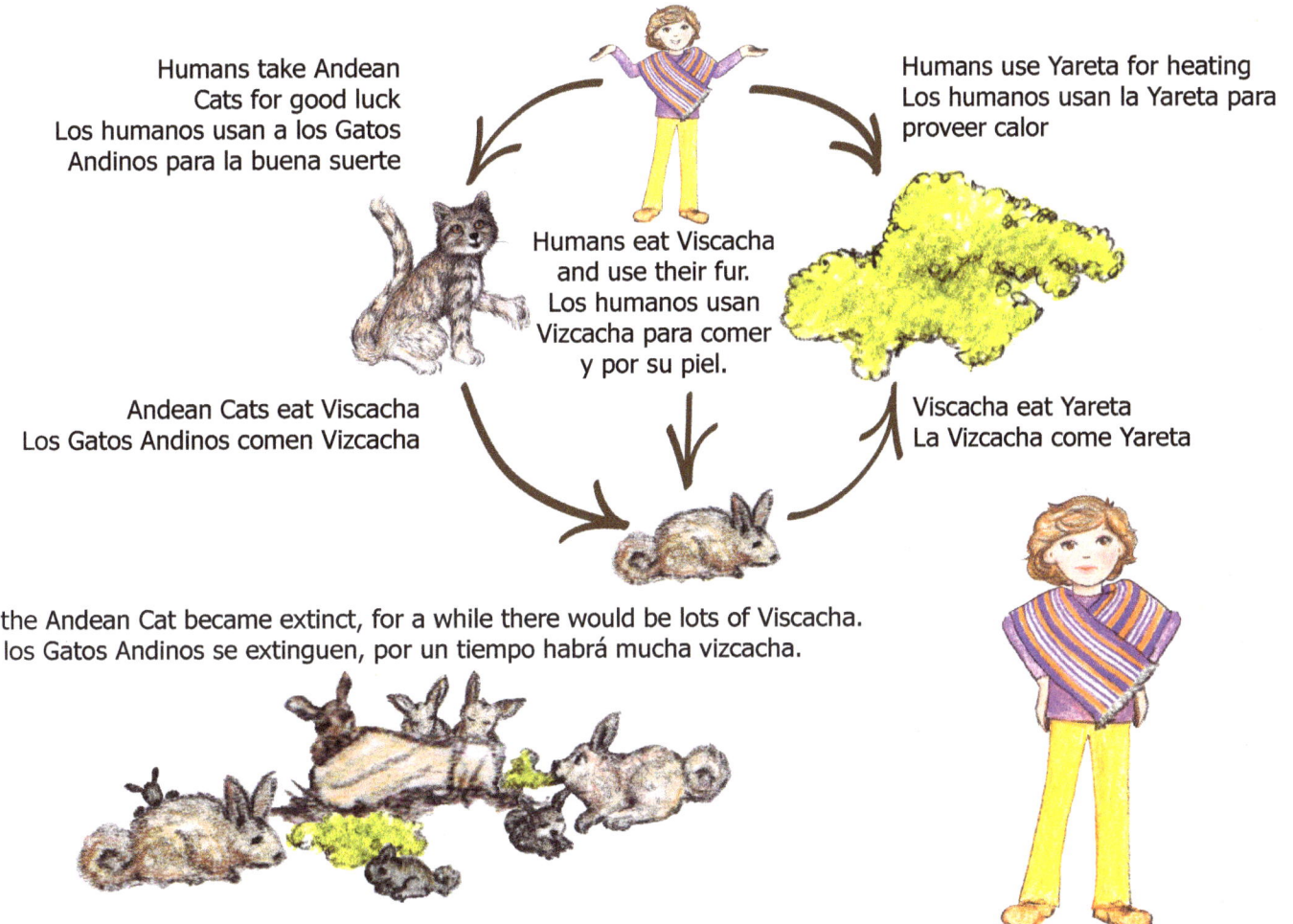

Humans take Andean Cats for good luck
Los humanos usan a los Gatos Andinos para la buena suerte

Humans use Yareta for heating
Los humanos usan la Yareta para proveer calor

Humans eat Viscacha and use their fur.
Los humanos usan Vizcacha para comer y por su piel.

Andean Cats eat Viscacha
Los Gatos Andinos comen Vizcacha

Viscacha eat Yareta
La Vizcacha come Yareta

If the Andean Cat became extinct, for a while there would be lots of Viscacha.
Si los Gatos Andinos se extinguen, por un tiempo habrá mucha vizcacha.

But then the Yareta would be eaten all up and the Viscacha would not have enough food.
Pero entonces se comerán toda la yareta y la Vizcacha no tendrá suficiente comida.

And then the humans would not have Yareta to keep them warm and Viscacha to eat.
Y entonces los humanos no tendrán Yareta para mantenerse abrigados ni vizcacha para comer.

Removing animals in the ecosystem can make the entire ecosystem off balance.
El remover a los animales del ecosistema puede provocar que todo el ecosistema este fuera de balance.